어두컴컴한 동굴이에요.
아무것도 살지 않을 것 같은 동굴의
천장에 박쥐가 날개를 접고 거꾸로
매달려 있어요.

**박쥐는 어떻게 동굴의 천장에
거꾸로 매달려 살 수 있나요?**

하늘을 나는 박쥐 박쥐가 날개를 쫙 펴고 어두운 밤하늘을 날아가요.

감수 유정칠

경희대학교 생물학과를 졸업하고, 영국 옥스퍼드대학교에서 동물생태학으로 박사 학위를 받았습니다.
경희대학교 자연사박물관장과 자연박물관협회 상임위원장을 역임하였으며, 현재 경희대학교 생물학과 교수,
국립공원을 지키는 시민의 모임 대표로 활동하고 있습니다.
저서로는 〈한강에서 만나는 새와 물고기〉, 〈수리〉, 〈곰은 잘 먹어〉, 〈밤에 다니는 올빼미〉
〈고양이는 재주가 많아〉 등이 있고 번역서로는 〈움직여 봐!〉, 〈조류대도감〉 등이 있습니다.

글 꿈꾸는 초록이

자연과학을 전공한 과학 전문 출판인들의 모임입니다.
오랜 세월 녹색 환경과 생태에 관심을 가지고 많은 자연과학 및 생태 관련 서적을 출판하였으며
오늘도 어린이들에게 자연의 아름다움과 꿈을 키워 주기 위해 노력하고 있습니다.

글 임지연

인하대학교 대학원에서 아동문학을 공부하고 있으며, 현재는 동화 작가로 활동하고 있습니다.
저서로는 〈기관차 야에몽〉, 〈올빼미의 눈〉, 〈팥죽할머니와 호랑이〉, 〈오츠벨과 코끼리〉 등 많은 작품이 있습니다.

+UP 자연속으로 거꾸로 매달리기 대장 박쥐

감수| 유정칠 **글|** 꿈꾸는 초록이 · 임지연 **그림|** 이선미 · 박선영 · 안우정 · 원성현
펴낸이| 최학용 **펴낸곳|** 키즈탄탄 주식회사 **출판등록|** 제2022-000051호
주소| 서울특별시 금천구 가산디지털1로 30, 901호 **TEL|** 031-341-1025
홈페이지| www.tantani.com
편집 책임| 이정순 **편집|** 김미연 · 정진미 · 이수정 · 이주연 · 박지은 · 강효임 · 오유리 **교정|** 박사례
디자인| 천현정 · 강경진 · 왕효수 · 이영희 · 명희경 · 한옥현 · 전경숙 **조판|** 민정희 **포토 리서치|** 홍수진 시몽포토에이전시

사진제공
내셔널지오그래픽 · 멀티비츠이미지 · 연합뉴스 · 유로크레온 · 타임스페이스 · 토픽포토에이전시 · Alamy Images · Alaska Stock ·
Animals Animals · Booknfoto · Corbis Images · Discovery Channel Images · Heritage Image · Juniors Bildarchiv · Minden Pictures ·
Photolibrary · Science Photo LibraryVisuals Unlimited · The Bridgeman Art Library · The Nature Picture Library

키즈탄탄 주식회사는 어린이 그림동화 전문 출판사입니다. 이 책은 저작권법에 따라 보호받는 저작물이므로,
이 책의 전부 또는 일부를 무단으로 복사, 복제, 배포하거나 전산장치에 저장할 수 없습니다.
책 모서리가 날카롭고 무거워 다칠 수 있으니 사람을 향해 던지거나 떨어뜨리지 마십시오. 책이 변색되거나 뒤틀릴 수 있으므로 보관 시 직사광선이나 습기 찬 곳은 피해 주십시오.

ISBN 979-11-93042-40-3 ISBN 979-11-982571-0-9 74400 (세트)

거꾸로 매달리기 대장 **박쥐**

감수 유정칠 | 글 꿈꾸는 초록이·임지연

여원키즈탄탄

 거꾸로 매달려 살아요

"아함, 졸려! 한잠 잔 뒤 저녁에 사냥을 나가야겠어."
박쥐가 동굴 천장에 거꾸로 매달려 쿨쿨 잠을 자요.
박쥐는 거꾸로 매달려 잠을 잘 수도, 쉴 수도 있는
거꾸로 매달리기 대장이에요.

거꾸로 매달려 있는 박쥐 박쥐가 동굴에 거꾸로 매달려 있어요.

상식 톡톡

박쥐가 거꾸로 매달려 살 수 있는 이유는 무엇인가요? 박쥐는 먹이를 사냥할 때를 제외하곤 늘 거꾸로 매달려 살아요. 박쥐의 발톱이 갈고리처럼 구부러져 있고, 발의 인대가 몸무게를 잘 지탱할 수 있는 용수철처럼 되어 있기 때문이에요.

해가 지면 거꾸로 매달려 자던 박쥐가 깨어나요.
"아, 잘 잤다. 날도 어두워지고 배도 고픈데 먹이 사냥을 나가 볼까?"
박쥐는 푸드덕거리며 날개를 활짝 펴고 동굴 밖으로 나가요.
박쥐는 어두운 밤하늘을 자유롭게 날아다니며 사냥을 해요.

동굴 밖으로 나오는 박쥐
날이 어두워지면 박쥐는 동굴 밖으로 나와 먹이 사냥을 해요.

나방을 잡으려는 박쥐 깜깜한 밤. 박쥐가 나방을 잡으려고 날아가고 있어요.

박쥐는 낮과 밤 중 언제 활동하나요?
(정답은 49쪽에 있습니다.)

무리 지어 날아가는 박쥐 어두워진 하늘을 박쥐가 무리를 지어 날아가요.

슉슉, 초음파를 쏘아 사냥을 해요

"난 눈이 나쁘지만 사냥을 잘 해. 왜냐고? 그건 내가 초음파를 발사하기 때문이야."
박쥐는 코나 입을 통해 나온 초음파가 물체에 부딪쳐 되돌아오는
소리를 듣고 앞에 어떤 것이 있는지 알아내어 사냥을 해요.

박쥐의 코 코 위에 있는 주름은 초음파를 원하는 방향으로 보내는 일을 해요.

박쥐의 귀 박쥐는 귀가 아주 발달했어요. 귀 앞쪽에는 귓구슬이라고 하는 돌기가 있는데 이것이 소리를 모아 주는 역할을 해요.

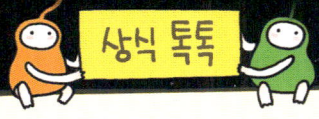

초음파 사람의 귀에 들리는 소리보다 주파수가 높은 소리를 말해요. 박쥐가 내는 초음파는 사람의 귀에는 들리지 않아요. 박쥐는 앞에 물체가 있으면 초음파를 쏘아 부딪쳐 돌아오는 소리를 듣고 앞에 어떤 물체가 어디에 있는지 알아내요.

초음파를 발사하는 박쥐 박쥐는 입이나 코로 초음파를 발사해 먹이를 사냥해요.

휙휙 곤충이 날아다니자 박쥐가 초음파를 내보내요.
그런 다음 재빨리 날아가 사냥을 해요.
박쥐는 곤충뿐만 아니라 물고기, 개구리도 잡아먹어요.
또 무시무시하게 동물의 피를 쭉쭉 빨아 먹는 흡혈박쥐도 있어요.

곤충을 잡아먹는 박쥐 전체 박쥐의 70퍼센트 정도는 곤충을 잡아먹고 살아요. 박쥐는 주로 입과 날개막을 사용해 사냥을 해요. 날개막으로 먹잇감의 앞을 가리거나 감싸 먹이를 잡아요.

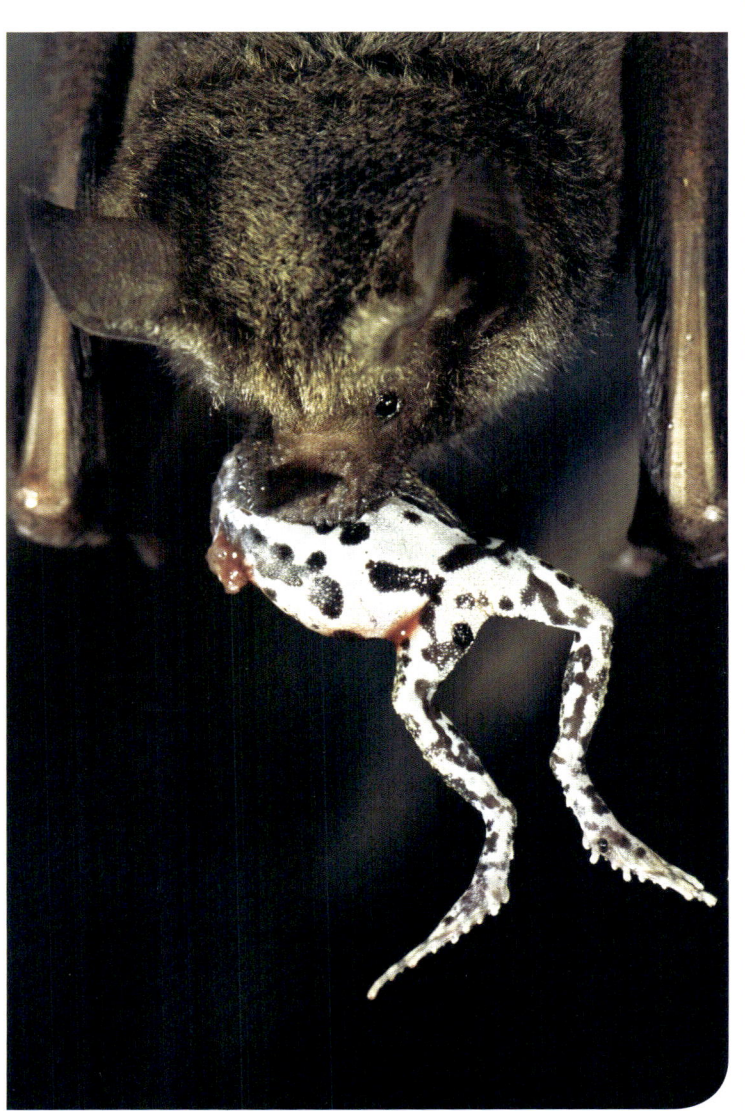

개구리를 잡은 박쥐 박쥐가 개구리를 입으로 물고 있어요.

물고기를 잡으려고 하는 박쥐 박쥐는 물 표면에 있는 물고기를 낚아채서 잡아요.

상식 톡톡

박쥐는 얼마나 많이 먹나요? 박쥐는 하룻밤 동안 많은 양의 곤충을 잡아먹어요. 무려 자기 몸무게의 반 정도까지 먹는 박쥐도 있다고 해요. 박쥐는 모기와 같은 해충을 먹어 치우기 때문에 사람에게는 이로운 동물이에요.

박쥐야, 고마워!

"킁킁! 아, 달콤한 꽃향기. 어서 가서 꿀을 빨아 먹어야지."
꽃향기에 이끌려 온 박쥐가 꽃꿀을 빨아 먹는 사이 몸에 꽃가루가 묻어요.
박쥐 몸에 묻은 꽃가루가 다른 꽃의 암술머리에 묻으면 그 꽃에 씨앗이 생겨요.
박쥐 중에는 날아다니면서 식물이 씨앗을 만드는 데 도움을 주는 것도 있어요.

꽃꿀을 빨아 먹는 박쥐 박쥐가 꽃의 꿀을 먹고 있어요. 전체 박쥐의 28% 정도는 식물의 열매나 꽃꿀, 꽃가루를 먹어요.

선인장 열매를 먹는 박쥐 박쥐가 선인장 열매를 먹어요.

무화과 열매를 먹는 박쥐 박쥐가 맛있는 무화과 열매를 먹고 있어요.

 내 사랑을 받아 주세요

"사랑하는 박쥐 아가씨, 내 짝이 되어 주세요."
"좋아요, 나도 당신이 마음에 들어요. 당신의 짝이 될게요."
짝짓기를 마친 뒤 암컷은 정자를 몸속에 간직한 채 겨울잠을 자요.
따뜻한 봄이 되면 암컷의 몸속에서 수정이 되어 배 속에서 새끼가 자라지요.

짝짓기를 하는 박쥐
박쥐는 가을이 되면 수컷이 암컷의 등에 올라타서 짝짓기를 해요. 암컷 박쥐는 짝짓기를 한 뒤 몸속에 정자를 간직한 채 겨울잠을 자요.

새끼를 밴 박쥐 봄이 되면 박쥐가 겨울잠에서 깨어나요. 이때 엄마 박쥐의 몸속에서 수정이 되어 아기 박쥐가 자라지요.

상식 톡톡

암컷 박쥐들은 새끼를 낳을 때가 되면 어떻게 하나요? 새끼를 낳을 때가 되면 암컷 박쥐들은 수컷과 떨어져서 한곳에 모여 새끼가 나올 때를 기다려요. 암컷 박쥐들은 비슷한 시기에 한꺼번에 새끼를 낳으며, 대부분 한 번에 한 마리씩 낳아요.

귀여운 아기 박쥐가 태어나요

동굴 속에서 엄마 박쥐들이 같은 때에 아기 박쥐를 낳아요.
아기 박쥐는 태어나자마자 엄마 박쥐의 몸에 매달려요.
그리고 엄마 박쥐의 젖을 쭉쭉 빨아 먹으며 자라요.

01 엄마 박쥐가 거꾸로 매달려 아기 박쥐를 낳아요.

02 아기 박쥐의 얼굴이 나왔어요.

03 아기 박쥐의 몸이 나왔어요.

04 아기 박쥐가 엄마 박쥐의 몸에 매달려 젖을 먹어요.

05 엄마 박쥐는 아기 박쥐의 몸을 핥아 주어요.

06 1주일 정도가 지나면 아기 박쥐의 몸에 털이 나기 시작하고 눈을 조금 떠요.

07 아기 박쥐가 엄마 박쥐 옆에 있어요. 2주일 정도 지나면 눈을 완전히 떠요.

08 태어난 지 3주일 정도가 되면 혼자 동굴 안을 날아다닐만큼 자라요.

09 한 달 반 정도가 지나면 엄마 박쥐와 거의 비슷한 크기가 되어요.

귀여운 아기 박쥐들

박쥐야, 위험해!

"앗, 거미가 나타났다. 어서 도망가자."
엄마 품을 떠나 혼자 사냥을 하던 아기 박쥐 앞에 커다란 거미가 나타났어요.
아기 박쥐는 그만 거미에게 잡히고 말았어요.

타란툴라에게 잡힌 박쥐
타란툴라에게 잡힌 박쥐가
벗어나려고 하지만 소용없어요.

뱀에게 잡힌 박쥐 커다란 뱀이 박쥐를 칭칭 감았어요.

겨울잠을 자는 박쥐들 박쥐는 겨울에는 체온을 유지하기 위해 서로 붙어서 잠을 자요.

쿨쿨, 겨울잠을 자요

휘이잉 날씨가 추워지면 박쥐는 겨울잠을 자요.
동굴 천장에 거꾸로 매달려 날개를 이불처럼 덮고 봄이 올 때까지 쿨쿨 잠을 자요. 수많은 친구들과 함께 포근하게 잠을 자지요.

더운 지방에 사는 박쥐 더운 지방에 사는 박쥐들이 나무에 매달려 쉬고 있어요. 더운 지방에 사는 박쥐들은 무더운 여름이 되면 에너지를 아끼기 위해 겨울잠과 비슷한 여름잠을 자요.

 난 이렇게 생겼어요

"난 하늘을 훨훨 날아다닐 수 있어.
그리고 깜깜한 동굴 속에서도
거꾸로 매달려 살 수 있어."
거꾸로 매달리기 대장 박쥐가
어떻게 생겼는지 알아볼까요?

손 손가락이 5개예요. 손가락은 날개를 지탱하는 뼈대 역할을 해요.

날개 피부가 변해서 된 것으로, 힘줄과 핏줄이 그물처럼 뻗어 있어요.

발 발가락이 5개 있어요. 발톱이 갈고리처럼 생겨 천장에 거꾸로 잘 매달릴 수 있어요.

귀 박쥐는 귀가 커서 초음파까지도 잘 모으고 잘 들을 수 있어요.

눈 곤충을 잡아먹는 박쥐들은 시력이 좋지 않아요.

코 콧주름이 있는 것들이 많아요. 코와 입에서 초음파를 내보내요.

꼬리 박쥐는 대부분 꼬리가 뒷다리와 꼬리 사이를 이어 주는 꼬리막 안에 들어가 있어요.

엄마랑 퀴즈랑

박쥐는 눈과 귀 중 어느 것이 발달되어 있나요?
(정답은 49쪽에 있습니다.)

 우리는 모두 박쥐 친구예요

거꾸로 매달리기 대장 박쥐는 극지방이나
사막, 히말라야 같은 곳을 제외하면
전 세계 어느 곳에서나 살아요.
어떤 박쥐들이 사는지 알아볼까요?

텐트박쥐 텐트박쥐는 나뭇잎으로 집을 만들어 그 속에서 살아요.

흡혈박쥐 소나 말, 양 등 가축의 피를 빨아 먹고 살며, 다른 박쥐와는 다르게 땅에서도 잘 걸어요.

관박쥐 우리나라에서 흔히 볼 수 있어요. 비교적 몸집이 크고 회갈색이에요.

상식 톡톡

박쥐의 종류에는 어떤 것들이 있나요?

박쥐는 크게 큰박쥐류와 작은박쥐류로 나뉘어요. 큰박쥐류는 식물의 열매나 꽃가루, 꽃꿀 등을 먹으며, 몸집이 큰 편이라서 양 날개를 편 길이가 1미터가 넘어요. 큰박쥐류는 낮에 활동하며 냄새를 아주 잘 맡고 초음파를 쏘지 않아요. 큰박쥐류에는 날여우박쥐, 과일박쥐가 있어요. 작은박쥐류는 초음파를 쏘아 먹이를 잡아먹으며 왕박쥐, 애기박쥐, 관박쥐, 흡혈박쥐 등이 있어요.

과일박쥐 식물의 꽃가루나 꿀, 열매 따위를 먹어요.

쇠멧박쥐 쇠멧박쥐는 입속에 있는 샘에서 지독한 냄새가 나는 물질이 나와요. 그래서 쇠멧박쥐가 사는 곳에서는 냄새가 심하게 나요.

작은생쥐꼬리박쥐 아프가니스탄과 이집트 등에서 살며 꼬리의 길이가 길어요.

검정왕박쥐 온대 및 열대 지방에 살며 몸 전체가 검은색을 띠어요.

엄마랑 퀴즈랑
우리나라에서 천연기념물 제452호로 지정한 박쥐는 무엇인가요?
(정답은 49쪽에 있습니다.)

회색머리왕박쥐 머리는 회색이고, 목 부분은 주황색을 띤 붉은색이에요.

붉은박쥐 황금박쥐라고도 부르며, 천연기념물 제452호로 지정되어 있어요.

우리도 박쥐처럼 동굴에 살아요

박쥐는 동굴 속에서 먹이를 먹고, 똥과 오줌을 싸요.
그러면 이것을 미생물이 먹지요. 미생물은 갈루와벌레가,
죽은 갈루와벌레는 노래기가 먹고 살아요.
이렇게 박쥐의 똥과 오줌은 동굴 속 생물에게는 꼭 필요한 식량이지요.

노래기 죽은 갈루와벌레를 먹고 살아요.

갈루와벌레 구아노를 먹고 사는 미생물을 먹어요.

동굴 바닥의 구아노 박쥐들이 먹이를 먹고 똥과 오줌을 싸요. 똥과 오줌이 쌓여 굳어진 것을 구아노라고 하는데, 이것은 동굴 속에 사는 미생물의 먹이가 돼요.

박쥐랑 놀자!

박쥐

새처럼 날아다니고 쥐처럼 생겼지만 조류나 쥐류와는 전혀 다른 포유류 박쥐목의 동물이에요. 몸의 구조와 기능이 모두 날기에 편리하도록 발달되어 있어요. 극지방이나 사막 등을 제외한 세계의 전 지역에 살아요. 주로 동굴에서 살고 폐광이나 나무속, 삼림 등에서도 살지요.

밤하늘을 날아다니는 박쥐는 새일까요?

박쥐는 굉장히 독특한 동물이에요.
깜깜한 동굴 속에서도, 어두운 밤에도 휙휙 날아다니며 먹이를 잘 잡아먹지요. 이처럼 밤하늘을 자유자재로 날아다니는 박쥐가 새인지, 아닌지 알아보기로 해요.

고요한 밤, 숲속 어딘가에서 박쥐가 날개를 쭉 펴고 날아다녀요.
"어디, 먹을 것이 없을까? 옳지! 저기 나방이 있네."
박쥐가 휙 날아가서 나방을 잡아먹어요. 이렇게 박쥐가 밤하늘을 자우롭게 날아다니니까 새라고 생각하기 쉬워요.
하지만 박쥐는 새가 아니라 새끼를 낳아 젖을 먹여 키우는 포유동물이에요.
새가 아닌데도 날아다니다니 정말 신기하지요?

➜ **밤하늘을 날아다니는 박쥐**
박쥐는 밤하늘을 자유자재로 날아다니며 곤충을 잡아먹는 곤충 사냥꾼이에요.

박쥐의 조상은 밤에 숲에서 곤충을 잡아먹던 원시 식충류 중의 하나로 여겨요. 원시 식충류의 자손 가운데 땅속에 살게 된 것이 두더지이고, 땅 위에서 살게 된 것이 뒤쥐예요. 박쥐는 나무 위로 올라가 날아다니던 곤충을 잡아먹고 살게 된 동물로, 유일하게 날개가 있어요. 그럼 박쥐의 날개는 어떻게 만들어졌을까요? 박쥐의 날개는 손가락이 길게 늘어나 손가락 사이를 이어 주는 얇은 막이 생기면서 만들어졌어요.
박쥐의 몸이 이렇게 변화되면서 하늘을 자유롭게 날아다닐 수 있게 되었지요.

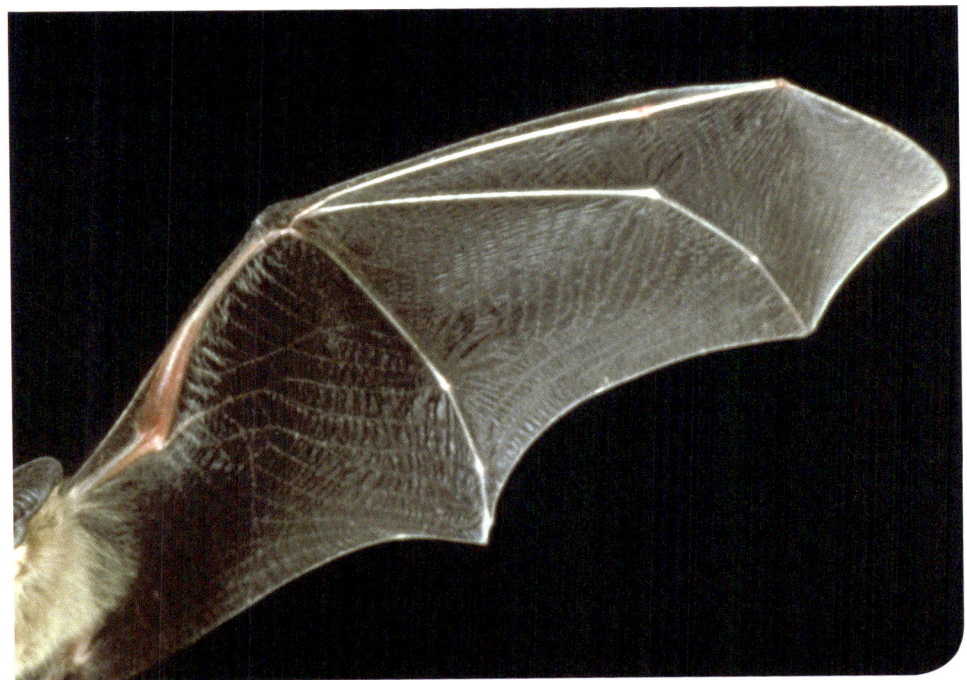

➔ **박쥐의 날개** 손가락이 길게 늘어나 손가락 사이를 이어 주는 막이 생기면서 만들어졌어요.

➔ **박쥐 화석** 옛날에는 박쥐가 어떻게 생겼는지, 박쥐가 어떻게 진화되어 왔는지를 연구하는 데 많은 도움이 돼요.

거꾸로 매달리기 대장 박쥐를 만들어요

박쥐는 동굴 속에서 거꾸로 매달려 사는 동물이에요. 또 깜깜한 동굴 속에서도 부딪치지 않고 잘 날아다녀요. 새는 아니지만 날개가 있는 신기한 동물, 박쥐를 예쁘게 만들어 볼까요?

이런 것이 필요해요

색종이 · 가위 · 풀 · 검정 펜 · 연필 · 셀로판테이프 · 두루마리 휴지 심 · 끈과 집게

박쥐를 만들어 보아요

박쥐는 날개가 있는 포유류예요.

1 여러 가지 색종이에 박쥐의 날개 부분을 그려서 오려요.

2 색종이를 접어 머리를 만들어요.

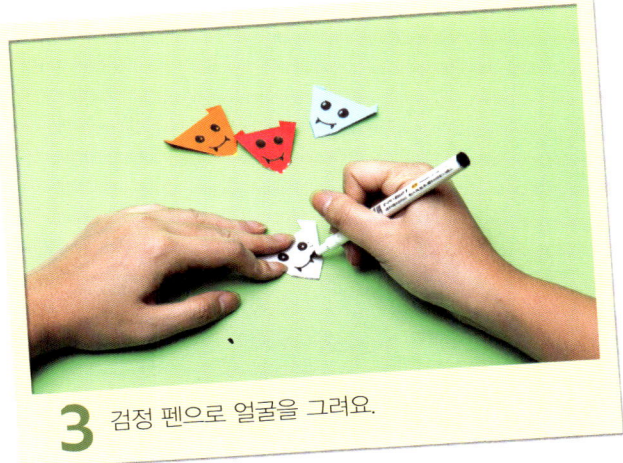

3 검정 펜으로 얼굴을 그려요.

4 휴지 심을 반으로 잘라 몸통을 만들어요.

5 몸통에 날개와 머리를 붙여 박쥐를 완성해요..

6 끈에 박쥐를 거꾸로 매달고 집게로 집어요.

⭐ 주의할 점을 알아보아요

- 가위를 사용할 때에는 장난을 치면 안 돼요. 날카로운 날에 다칠 수도 있으므로 주의해야 해요.
- 여러 가지 색깔의 색종이로 다양한 색의 박쥐를 만들어 보아요.
- 박쥐를 다 만들면 어떤 박쥐가 가장 예쁘게 만들어졌는지 살펴보아요.
- 쓰고 남은 물품은 정리함에 잘 챙겨 넣어요.

박쥐들이 거꾸로 매달려 있어요. ㅋㅋ

미술 작품 속에 박쥐는 어떻게 나타날까요?

동굴 속에서 사는 박쥐는 모양이 독특하고 생활 습성도 특이하기 때문에 옛날부터 사람들은 박쥐에 대해 여러 가지 상상을 했어요.
새처럼 날아다니는 특이한 동물 박쥐가 미술 작품 속에 어떻게 나타났는지 알아볼까요?

옛날부터 서양 사람들은 어둡고 깜깜한 동굴에 사는 박쥐의 습성 때문에 박쥐가 불길한 징조를 나타내는 동물이라고 생각했어요. 그래서 지옥이나 어둠의 세계를 나타내는 그림에 박쥐를 자주 그렸지요. 그러나 동양에서는 특히 우리나라와 중국에서는 박쥐를 신비롭고 행운을 가져다주는 동물로 생각했어요.
그래서 여러 가지 생활용품에 박쥐 문양을 넣었지요.

박쥐가 나타난 그림

서양에서는 박쥐를 불길한 짐승으로 생각했으며, 기독교에서는 악마와 관계있다고 생각했지요. 악마를 표현한 그림을 보면 악마의 날개나 모습 등이 박쥐와 많이 닮았다는 것을 알 수 있어요.

➜ 데이비드 라이커트 3세가 그린 그림이에요. 박쥐를 비롯한 여러 괴물을 쫓아내는 장면이 잘 나타나 있지요.

박쥐와 생활용품

박쥐를 신비롭고 길한 동물이라고 생각한 동양에서는 생활용품에 박쥐의 모양을 그린 것이 많아요. 도자기나 장롱, 주머니 등 다양한 물건에 박쥐를 그렸지요. 또 펜던트와 같은 장식품도 박쥐의 신비로운 모습을 본떠 만든 것이 많아요.

➔ **덕수궁 정관헌** 덕수궁 정관헌 문에 박쥐 문양이 들어가 있어요.

➔ **박쥐가 그려진 접시** 가정에서 쓰는 접시에도 박쥐 모양을 그렸어요.

➔ **박쥐 모양의 펜던트** 박쥐 모양의 펜던트로, 박쥐 얼굴에 사람처럼 팔과 다리가 있어요.

➔ **박쥐의 모양이 나타난 그릇** 그릇에 박쥐의 모양이 나타나 있어 분위기가 매우 신비로워요.

박쥐는 모두 거꾸로 매달려 있나요?

거꾸로 매달리기 대장 박쥐는 동굴이나 나뭇가지에 거꾸로 매달려 살 수 있어요. 사람은 물구나무서기를 하면 어지럼증을 느끼는데 박쥐는 거꾸로 매달려 있어도 몸이 잘 적응되어 어지럼증을 느끼지 않아요. 그러나 모든 박쥐가 거꾸로 매달려 살지는 않아요. 집박쥐나 안주애기박쥐 등은 바위틈이나 나무 구멍에 엎드려 있어요.

어미 박쥐는 어떻게 새끼 박쥐를 찾을 수 있나요?

새끼 박쥐들은 모두 한곳에 모여서 살아요. 그래서 어미 박쥐가 새끼 박쥐를 찾기 어려울 것이라고 생각되지만 어미 박쥐는 새끼 박쥐를 쉽게 찾아요. 그 이유는 사람마다 목소리가 다르듯이 새끼 박쥐들도 모두 소리가 달라요. 그래서 어미 박쥐가 부르면 소리를 내어 자기가 어디에 있는지 알려 줘요. 어미 박쥐는 새끼 박쥐가 대답하면 다가가서 냄새를 맡아 보아 자기 새끼인지 아닌지 구별해요.

박쥐의 배설물은 어디에 사용하나요?

박쥐는 동굴 천장에 매달려 살아요. 그러면서 똥이나 오줌 등을 배설하는데 박쥐가 싼 이 배설물을 구아노라고 해요. 구아노는 동굴 속에 사는 생물의 먹이가 될 뿐만 아니라 비료로도 사용해요. 구아노는 오늘날에도 관상용 식물이나 채소밭에 쓰는 고급 비료로 이용하지요.

박쥐는 얼마나 오래 사나요?

컴컴한 동굴에 사는 박쥐는 얼마나 오래 살까요? 동굴 속에서 사니까 얼마 못 살 것 같지만 박쥐는 보통 15년을 살아요. 그러나 집박쥐는 수명이 매우 짧아 수컷은 1~3년 정도, 암컷은 5년 정도 산다고 해요. 박쥐 중에서 윗수염박쥐는 30년 정도를 살아요. 이처럼 박쥐의 수명은 종류에 따라 차이가 있어요.

박쥐는 컴컴한 동굴 속에서 살면서 어떻게 해가 진 것을 알까요?

박쥐는 어두컴컴한 동굴 속에서 살아요. 동굴 속은 항상 캄캄한 밤과 같은 상태인데도 박쥐는 밤이 되면 밖으로 나가 먹이를 사냥해요. 박쥐는 어떻게 해가 진 것을 알까요? 그건 박쥐에게도 생체 시계가 있기 때문이에요. 이 생체 시계의 작용 때문에 캄캄한 동굴 속에서 사는 박쥐도 해가 진 것을 알 수 있답니다.

초음파 탐지기는 어떻게 발명되었을까요?

박쥐가 초음파를 이용해 어둠 속에서도 먹이를 잡고 장애물을 피한다는 사실을 알게 된 사람들은 이 초음파를 과학에 이용했어요. 초음파 탐지기는 뱃길을 알아내거나 물고기 떼를 알아내는 데 이용하기도 하고 의료 장비에 이용하여 많은 사람들의 병을 고치는 데 도움을 주기도 해요.

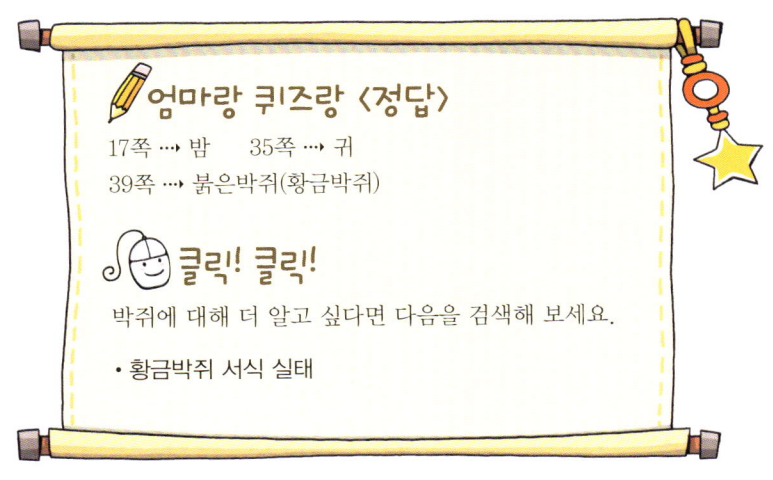

엄마랑 퀴즈랑 〈정답〉
17쪽 → 밤   35쪽 → 귀
39쪽 → 붉은박쥐(황금박쥐)

클릭! 클릭!
박쥐에 대해 더 알고 싶다면 다음을 검색해 보세요.
- 황금박쥐 서식 실태